AF455313

TRIBUNAL CORRECTIONNEL DE LILLE.

AUDIENCE DU 9 JUILLET 1823.

PLAIDOYER

DE

M. J. V. J. LELEUX, ÉDITEUR RESPONSABLE

DE

L'ÉCHO DU NORD,

PRÉVENU

D'AVOIR EXCITÉ A LA HAINE ET AU MÉPRIS DU GOUVERNEMENT DU ROI.

A LILLE,
CHEZ LELEUX, IMPRIMEUR-LIBRAIRE,
GRANDE PLACE.

1823.

IMPRIMERIE DE LELEUX, GRANDE PLACE, A LILLE.

PLAIDOYER

de M. J. V. J. LELEUX, Éditeur responsable de *l'Écho du Nord*,

PRÉVENU D'AVOIR EXCITÉ A LA HAINE ET AU MÉPRIS DU GOUVERNEMENT DU ROI.

MESSIEURS,

Je me présente devant vous pour répondre à une inculpation grave de M. le procureur du roi. Selon ce magistrat, je me serais rendu coupable d'avoir excité à la haine et au mépris du gouvernement, en insérant dans le journal dont je suis éditeur un article conçu en ces termes :

« La fête communale, la karmesse, ou, pour parler » plus noblement, la procession de Lille, a été célébrée » cette année avec une pompe inusitée : il n'y a manqué » qu'une distribution de comestibles, pour rendre cette » fête en tout semblable à celle du 25 Août. Nous devons » savoir gré à l'administration de sa sollicitude à faire » oublier, par des jeux et des plaisirs, à cette multitude » innombrable d'ouvriers sans travail, la situation » malheureuse où les ont placés les premiers effets d'une

» guerre funeste, qui tarit tout-à-coup les sources de » l'industrie.

» Sous le cardinal Mazarin, quand le peuple était » malheureux, on l'amusait par des chansons; aujour- » d'hui, on le distrait de sa misère par l'appât de fêtes » publiques; c'est le même principe, si ce n'est pas le » même moyen. Reste à savoir lequel des deux aura le » meilleur résultat.

» Quoiqu'il en soit, il y avait sur l'Esplanade une » foule immense, qui prenait part aux diverses récréations » préparées par les soins de la mairie, et une foule plus » considérable encore y assistait comme spectatrice; » ce qui explique l'abandon où s'est trouvé le théâtre, » qui, d'ailleurs, n'avait pas jugé convenable d'exciter » la curiosité par un spectacle au moins nouveau. »

Il est évident, a dit M. le procureur du roi dans son réquisitoire, qu'en supposant, *contrairement à la vérité*, qu'il existe une multitude innombrable d'ouvriers sans travail par suite de la guerre, l'éditeur a voulu exciter à la haine et au mépris du gouvernement, auteur de cette guerre; et, partant de ce point, il a conclu contre moi à l'application d'une peine portée par la loi du 25 Mars 1822. Vous le voyez, Messieurs, l'accusation est précise : j'ai supposé, *contrairement à la vérité*, qu'il existe une multitude innombrable d'ouvriers sans travail. Mon crime est donc d'avoir fait une fausse supposition.

Tous les efforts du ministère public ont eu pour but de démontrer qu'effectivement cette supposition était fausse; tous les miens doivent tendre à établir qu'elle est réelle : c'est une question de fait dont la solution est facile, et qui ne demande ni beaucoup d'art, ni beaucoup de talent. Voilà pourquoi, Messieurs, je me présente seul devant vous ; voilà pourquoi je n'ai pas cru devoir emprunter le secours d'un défenseur. Ce n'est pas toutefois que, parmi les honorables citoyens qui, par état, sont voués à la défense des accusés, et dont les talens ont si souvent brillé dans cette enceinte, je n'eusse pu faire choix d'un avocat instruit, courageux et dévoué : je rends avec plaisir au barreau de Lille cette justice que jamais l'infortune ne l'a trouvé insensible, et qu'en tous temps sa voix éloquente s'est élevée en faveur des malheureux que leur mauvais sort amenait au pied de ce tribunal. Mais je l'ai dit, il ne faut ni art, ni science pour établir ma justification, et peut-être aussi la nature de la cause, les circonstances du moment commandent-elles d'éviter dans la discussion présente tout ce qui pourrait offrir le moindre appareil. Il est des choses auxquelles il serait imprudent de donner trop d'éclat, et je ne veux pas mériter aujourd'hui le reproche d'imprudence.

Avant de répondre directement à l'inculpation de M. le procureur du roi, je vous prie, Messieurs, de vouloir bien me permettre quelques observations préliminaires, qui peut-être vous expliqueront mieux que ne l'a fait ce magistrat, l'intention qui m'a porté à insérer dans *l'Echo du Nord* l'article incriminé.

La procession de la Fête-Dieu, qui depuis très-long-temps, n'était plus à Lille qu'une cérémonie religieuse, est devenue cette année une fête publique. Des prix ont été proposés pour différens exercices de récréation ; la population des villes et des villages environnans a été invitée à y prendre part; des bals publics ont eu lieu pendant la nuit dans plusieurs quartiers de la ville, et le caractère religieux de la fête a disparu, pour n'offrir qu'un spectacle bruyant de plaisirs mondains. Ce changement inusité et imprévu a frappé tous les esprits; la première réflexion qui s'est offerte à l'observateur, a sans doute été celle-ci : Il faut que les temps soient bien heureux et que la félicité du peuple soit bien grande pour lui offrir ainsi pendant plusieurs jours des moyens de récréation si dispendieux pour l'administration et si dangereux pour la morale publique; car on n'ignore pas que c'est à la suite de pareilles fêtes et au sein même des plaisirs que naissent d'ordinaire des scènes scandaleuses dont le moraliste gémit en silence, et que trop souvent la justice est appelée à punir.

Cette première réflexion faite, on est porté naturellement à en examiner la justesse, et si par hasard elle se trouve manquer de vérité, un tout autre sentiment que celui de l'approbation s'empare de l'homme qui n'a pas abjuré la raison humaine, ni aliéné sa faculté d'être pensant.

Telle est la situation où je me suis trouvé le 2 Juin, en rendant compte des réjouissances publiques ordonnées par l'administration municipale pour célébrer la fête du Saint-Sacrement. Je me suis demandé si le temps présent était bien heureux, et j'ai vu de toutes parts des mères éplorées, partagées entre la crainte de ne plus revoir un fils déjà soldat, et celle de perdre bientôt un autre fils appelé nouvellement sous les drapeaux; j'ai vu la seule idée de la guerre resserrer tous les cœurs, glacer tous les esprits; j'ai vu le commerçant désolé attendre vainement quelque acheteur dans son comptoir désert; le spéculateur arrêté tout-à-coup dans ses opérations; le filateur à la veille de fermer ses ateliers; le fabricant de tissus ayant déjà fermé les siens; j'ai vu nos nombreuses raffineries de sucre dans une complète inaction, et pour comble de malheurs, plus de cinquante maisons de commerce en état de faillite ou de suspension, dans le seul arrondissement de Lille. Après un pareil tableau, il ne faut pas demander si la félicité du peuple est grande : la question serait par trop dérisoire.

Dans la situation d'esprit où m'a jeté un spectacle si douloureux, est-il étonnant que des plaintes amères ou de piquans reproches se soient placés sous ma plume? Et en supposant même que mes reproches soient exagérés, comme le dit M. le procureur du roi, en quoi cette exagération est-elle punissable? L'exagération ne détruit pas la réalité d'un fait, mais lui donne une importance plus grande qu'il n'a réellement. Or, le ministère public, en disant que j'avais fait une *peinture exagérée du malheur de la population*, a donc reconnu mes observations vraies, quant au fond; il a donc reconnu que la population était dans le malheur. Du malheur (c'est son expression) à la misère (c'est la mienne) quelle est la distance?

D'après l'exposé que je viens de faire du sentiment qui m'animait lors de la rédaction de l'article (car je ne veux pas vous laisser ignorer que j'en suis l'auteur), peut-être penserez-vous, Messieurs, que je n'avais aucune envie d'exciter cette haine et ce mépris du gouvernement dont parle l'accusation. En effet, ce n'est pas un pareil dessein qui perce dans l'article. Qu'on le lise sans prévention : on ne saurait y rien trouver de ce qu'y trouve M. le procureur du roi. Une idée domine dans l'ensemble, une seule : c'est la critique de l'administration municipale. Cette critique, il est vrai, est assez vive; mais il faut croire qu'elle est permise, puisque le ministère public n'en a pas fait un corps de délit, et l'on sait que le ministère public, au temps présent, ne se pique guère d'indulgence envers les écrivains de l'opposition. Oui, Messieurs, le seul but de l'article, son seul objet a été la critique d'un acte administratif, que peut-être j'aurais loué dans une autre circonstance; mais que j'ai cru devoir blâmer dans la conjoncture actuelle. Ce but est évident, quoique l'accusation ait employé tous ses moyens pour le nier.

En effet, de quoi traite l'article? De la fête de Lille. A quelle époque a-t-il paru? Pendant la fête de Lille. Quel motif y a donné lieu? La fête de Lille. Voilà du réel, du positif : je n'ai pas besoin, pour établir ce fait, de recourir à des suppositions, de torturer les phrases, de détourner le sens des mots. Oui, Messieurs, mon seul dessein, en écrivant ces lignes, a été de déverser le blâme sur une mesure administrative dont certainement on pouvait contester l'utilité. Ce dessein est manifeste, patent, je dirais presque palpable : il jaillit de tous les points de l'article; je l'avoue pour le seul que j'eusse dans la pensée; et cependant, Messieurs, vous avez vu avec quel art on a cherché à m'en supposer un autre. Il me semble pourtant que, suivant les règles de la logique, lorsqu'un discours écrit présente un sens clair et positif, c'est à celui-là qu'on doit se tenir, et non s'inquiéter l'esprit pour en découvrir un autre, à l'aide d'interprétations, de suppositions, d'équivoques ou de calembourgs. J'irai plus loin, je dirai qu'en général les interprétations n'ont rien d'honorable pour celui qui se les permet, puisqu'elles lui supposent des intentions réprouvées par la droiture : c'est une manière d'attaquer son adversaire qui n'est ni noble, ni franche : elle n'est pas française, et l'on ne saurait trop déplorer l'esprit funeste qui chercherait à l'introduire dans le sanctuaire de la justice, où tout devrait être grave, franc, loyal et droit.

Dans tout délit, l'intention du prévenu doit être recherchée scrupuleusement; c'est un axiome non seulement de droit public, mais de raison : l'intention bien connue peut seule faire apprécier le degré de culpabilité, et souvent même, c'est en elle seule que la culpabilité réside. Il était donc important que je vous fisse connaître la mienne : vous apprécierez, dans votre sagesse, jusqu'à quel point elle est criminelle.

J'aborde maintenant le fond de la question. J'ai dit qu'une multitude innombrable d'ouvriers était sans travail par suite de la guerre; on se récrie sur mon assertion, on la trouve hyperbolique, et, pire que tout cela, on la trouve coupable. Encore, (semble-t-on insinuer), si vous aviez dit *un grand nombre!* mais une *multitude*, et une *multitude innombrable!* c'est passer les bornes de l'exagération. A cela je réponds : Il n'est rien d'absolu dans le monde; tout est relatif : *multitude innombrable*, appliqué à la population de Lille, ne signifie rien autre qu'un grand nombre d'individus; appliqué à la population manufacturière de la France, cela ne signifierait encore qu'un fragment de cette population; et je vous prie, Messieurs, de remarquer que ce mot *innombrable* ne veut pas dire : *tellement nombreux qu'il est impossible de le compter;* mais bien plutôt : *nombreux et disposé dans un ordre qui le rend difficile à énumérer.*

Multitude, me dira-t-on, offre une idée de collection considérable : j'ouvre le Dictionnaire de l'Académie, et j'y trouve, tome 2, page 143, *multitude* = *grand nombre.* Ainsi traduit littéralement par son synonyme, ce mot si coupable ne signifie autre chose que *grand nombre.* Assurément, Messieurs, si je faisais passer sous vos yeux la liste des malheureux ouvriers qui se trouvent sans travail, vous en trouveriez le nombre assez grand pour justifier l'épithète que j'ai employée. Je possède quatre déclarations qui m'ont été envoyées de Roubaix; l'une est ainsi conçue :

« Nous soussignés, fabricans, demeurant en cette ville, » certifions que nos ventes ayant été bien difficiles pen- » dant deux mois, que nos magasins étant garnis de » marchandises, quand dans cette saison ils devraient » être vides, nous avons été dans la nécessité de dé- » monter une grande partie de nos ouvriers.

» Roubaix, le 27 Juin 1823. »

Suit la signature de quarante-quatre principaux fabricans de cette ville. Une seconde, souscrite par vingt-sept autres commerçans, s'exprime en ces termes :

« Nous soussignés, fabricans, domiciliés à Roubaix, » déclarons que, depuis le commencement des hosti- » lités, nous avons été dans la nécessité de renvoyer la » moitié au moins des ouvriers que nous employions » habituellement, et que la stagnation du commerce est

» telle, qu'elle nous fait craindre d'être obligés d'en renvoyer encore un grand nombre.

» A Roubaix, le 25 Juin 1823. »

MM. Delaoutre et Bulteau, qui possèdent dans la même ville des filatures de coton considérables, ont déclaré qu'ils avaient dû renvoyer aussi plus de la moitié des ouvriers qu'ils occupaient ordinairement; et le nombre total des artisans qui se trouvent sans travail dans cette seule ville manufacturière, d'après la supputation de deux de ses plus honorables citoyens, peut être porté à plus de quatorze cents. Il faut qu'en effet la détresse du commerce de Roubaix soit bien grande, pour que moi, éditeur de *l'Echo du Nord*, homme qu'on a tant noirci aux yeux des habitans des campagnes, homme qu'on a essayé tant de fois, et de tant de manières, de présenter comme un épouvantail, j'aie pu recueillir en une seule matinée, et dans une ville où je mettais le pied pour la première fois, quatre-vingts signatures en faveur d'allégations qu'on savait être l'objet de poursuites judiciaires; car, Messieurs, ce n'est pas vous qui pouvez l'ignorer, dans ce pays les gens timorés sont en grand nombre, et ceux qui livrent leur signature inconsidérément, ne forment pas à Roubaix plus qu'à Lille, une *multitude innombrable*. Mais ces signatures quelles sont-elles, m'objectera-t-on? Messieurs, ce sont celles des plus notables citoyens, elles ne sont pas apocryphes; les voici revêtues de la légalisation du maire.

Si maintenant je jetais un coup-d'œil sur l'état du commerce de Tourcoing, autre ville non moins importante par ses nombreuses manufactures, je n'aurais pas un tableau plus consolant à vous offrir. C'est là surtout que j'eusse obtenu des certificats en foule; mais, faut-il le dire, Messieurs? quoiqu'on m'en eût offert un grand nombre, je les ai refusés par un sentiment que vous apprécierez. Cette ville, dont les immenses produits consistent surtout en tissus de laine, vient d'être frappée d'un coup funeste : une disposition législative toute récente a quadruplé le droit, déjà considérable, que les laines étrangères payaient à leur entrée en France : cet acte, dont il n'entre pas dans mon sujet d'examiner l'utilité et l'opportunité, a jeté tous les fabricans dans la stupeur; j'aurais craint dans cette conjoncture, si j'avais accepté les déclarations que les habitans m'ont offertes, de paraître profiter de la circonstance malheureuse où ils se trouvent pour en obtenir des plaintes, trop faciles à exhaler dans un moment de mécontentement. Mais en renonçant à vous produire des preuves écrites de l'inaction des fabriques de Tourcoing, je ne dois pas, Messieurs, pour le triomphe de ma cause, renoncer à l'effet moral qui s'en déduit naturellement, et certes, on ne m'accusera pas d'exagérer, si je présente la population de Tourcoing sous le même point de vue que celle de Roubaix. Ainsi, dans deux seules petites villes, sur une population qui n'est pas de cinquante mille ames, sur une superficie qui n'a pas trois lieues d'étendue, voilà trois mille habitans privés d'emploi par le seul effet de la stagnation du commerce!....

Ah! messieurs, s'il était vrai, comme on le suppose, que j'eusse voulu exciter à la haine et au mépris du gouvernement du roi en exagérant les malheurs du peuple, au lieu de quelques railleries sans importance, vous présumez assez quel tableau j'aurais mis sous les yeux de mes lecteurs, et dont j'aurais rembruni les couleurs en retraçant la triste et douloureuse image des manufactures lilloises. J'aurais montré nos filatures de coton ayant démonté plus de deux cents métiers en trois mois; tous les ateliers de tissus fermés; les fabriques de lin et les raffineries de sucre anéanties; beaucoup de filteries réduites de moitié; les teintureries des trois quarts; les travaux des fortifications suspendus, et la manufacture royale des tabacs elle-même, obligée de renvoyer cent soixante-un ouvriers en une semaine; ce n'est pas tout, Messieurs, j'aurais pu dire : Dix mille artisans qui vivaient de leur travail, ont été congédiés dans le seul arrondissement de Lille; dix mille autres sont réduits à ne travailler que trois ou quatre jours chaque semaine, et à un salaire de beaucoup inférieur à celui qu'ils obtenaient précédemment. A l'aspect de ce tableau effrayant, l'imagination épouvantée aurait pu sans doute y supposer de l'exagération; alors, peut-être l'accusation dont je suis l'objet aurait pu paraître plausible, jusqu'à certain point.... et pourtant, Messieurs, je n'aurais fait qu'exposer la vérité. Ce tableau, dont l'esprit s'effraie, n'est pas de fantaisie : c'est la peinture vivante du département du Nord; car ce n'est pas Lille, ce n'est pas Roubaix, ce n'est pas Tourcoing seulement que la misère accable : c'est encore Cambrai, Valenciennes, et surtout Dunkerque, cette importante place maritime, le seul port que nous possédions sur la mer du Nord, et qu'on prendrait aujourd'hui pour une ville agricole, si on la jugeait par l'herbe qui croît dans ses rues. A Douai, deux principales filatures existaient : l'une est sur le point d'être fermée; l'autre, qui appartient à M. Alexandre Desmoutier, a congédié cent soixante ouvriers sur deux cents qu'elle occupait avant la guerre. A Anniche, deux immenses verreries ont cessé de travailler, et les houlières même ont ralenti leurs travaux de manière à inquiéter les habitans sur leurs moyens futurs d'existence. Voilà des faits que j'appuie de preuves, de déclarations écrites : jugez, d'après cela, si j'ai outré la vérité en alléguant qu'une multitude innombrable d'ouvriers étaient sans ouvrage.

Le mal est connu; j'en ai tracé l'esquisse, j'en ai mis l'image sous vos yeux. Voyons quelle en est la cause. La cause? c'est la guerre actuelle; je l'ai dit, parce que je le croyais; je le répète, parce que je le crois encore. Eh! Messieurs, quelle autre cause assigner à la décadence de nos manufactures? Elle a commencé, cette décadence, avec la menace de prochaines hostilités; elle a été prédite par tous les orateurs qui ont combattu les projets de loi sur le rappel des vétérans et l'emprunt de cent millions, par tous les journalistes de l'opposition, par tous les publicistes qui ont envisagé la question sous un point de vue national, notamment par M. Fiévée, qui, tout-à-l'heure encore, était un des plus fermes appuis du ministère, et dont la brochure, présente à vos souvenirs, a fait une si profonde sensation dans toute la France : elle a été prédite par cette foule innombrable d'adresses présentées aux deux chambres législatives, pour demander le maintien de la paix. Celle de la ville de Lille est trop connue de vous, Messieurs, pour que j'aie besoin de la rappeler ici : vous savez comme moi qu'elle était revêtue des signatures les plus honorables. Oui, c'est à la guerre que nous devons les malheurs qui pèsent sur la population manufacturière de nos contrées; c'est elle qui est la cause des désastres que nous déplorons, désastres dont je regrette d'avoir été forcé de tracer le sinistre tableau, et dont la ruine de tant de familles n'atteste que trop la réalité.

Maintenant, Messieurs, je vous le demande, à la vue de tant de catastrophes, témoin de l'anxiété toujours croissante du commerce, et préjugeant, non sans quelque raison, des maux à venir, par ceux déjà subis, je vous le demande, lorsqu'on est convaincu que la cessation de la paix seule a suffi pour amener un tel état de choses, n'est-il pas permis d'appeler *funeste* une guerre (quelque juste qu'en soit le motif), qui, comptant à peine trois mois d'existence, amène de pareils résultats?....

Je m'arrête un moment à ce mot *funeste*, sur lequel le ministère public s'est appesanti, et qu'on me reproche si vivement. Messieurs, si ce mot, appliqué à la guerre actuelle, est coupable, on doit s'étonner que tous les journaux de l'opposition ne soient point en jugement, car tous, sans en excepter *le Journal de Paris*, dont l'opposition est généralement modérée, tous ont dit et répété à satiété que cette guerre était *funeste* : ils ont même été beaucoup plus loin; l'expression de leur désapprobation ne s'est pas toujours maintenue dans les bornes d'un mot aussi vague. Je lis dans *le Constitutionnel* du 6 de ce mois, un article sur l'Espagne, où se trouve cette phrase : « Serait-ce à ce

» funeste résultat (la guerre civile dans la péninsule) » que viendraient aboutir tous les efforts des partisans » d'une guerre plus coûteuse encore que sanglante? » Le même article se termine ainsi : « Ne serait-il pas » temps d'arrêter des coups de canon, dont chacun » équivaut pour les contribuables à un centime addi- » tionnel? » Une guerre qualifiée de coûteuse, de sanglante; chaque coup de canon équivalant à un centime additionnel pour les contribuables, voilà certes qui en dit plus que mon petit mot *funeste*, et cependant, Messieurs, *le Constitutionnel* n'est pas déféré aux tribunaux. Est-ce que les mots n'auraient pas à Paris la même acception qu'à Lille? ou bien la balance de la justice aurait-elle cessé d'être en équilibre?

Eh! quoi! l'on m'impute à crime d'avoir dit que la guerre d'Espagne est *funeste;* y aurait-il par hasard des guerres qui ne le fussent pas? A-t-on vu quelquefois des peuples y trouver le bonheur?.... Sans doute il y a des guerres légitimes, nécessaires, indispensables; mais leur premier effet n'est-il pas de produire tous les désordres que j'ai signalés; avant d'en retirer aucun fruit, la classe industrielle n'en subit-elle pas les premiers inconvéniens? En disant que la guerre actuelle était *funeste*, je n'ai point prétendu la condamner; j'ai voulu seulement exprimer que le commerce en souffrait de grands dommages; cela résulte clairement de la phrase qui est ainsi conçue : *Tels sont les premiers effets d'une guerre funeste, qui tarit tout-à-coup les sources de l'industrie.* Ainsi l'épithète donnée à la guerre se rapporte directement à l'industrie; oui, la guerre d'Espagne est funeste, funeste à l'industrie française. Eh! ne sait-on pas, Messieurs, que les arts, le commerce, l'industrie, ne peuvent fleurir qu'au sein de la paix? C'est une vérité si triviale, que je m'étonne d'être obligé de la répéter. En vain objecterait-on que l'Angleterre et la France, à certaine époque, ont donné, au milieu du bruit des armes, un puissant essor aux arts industriels; ma réponse est facile : l'Angleterre et la France ont beaucoup fait pendant la guerre; mais supposez le même période en état de paix, combien n'auraient-elles pas fait davantage!....

D'ailleurs, faire un tableau même exagéré des malheurs qui résultent d'un état de belligérance, ce n'est point agir contre le gouvernement qui fait la guerre; c'est demander d'une manière détournée qu'il fasse la paix : et depuis quand des vœux en faveur de la paix sont-ils réputés criminels? Il me semble qu'ici l'accusation a confondu les époques, les choses et les hommes. Il fut un temps sans doute où de pareils vœux auraient été punis; mais ce temps est-il le nôtre? Est-ce sous le règne d'un roi qui mérita si justement le titre de pacificateur, est-ce au nom de ce prince auguste qu'on devrait poursuivre ceux qui invoquent un bien dont, depuis trente ans, lui seul nous a fait connaître les douceurs?

Au reste, Messieurs, j'aurais blâmé directement la guerre, que je ne m'en croirais pas plus coupable. C'est un droit dont les écrivains, dont les auteurs ont joui dans tous les temps. C'est un droit qui nous est assuré par l'article même de la loi, où l'on prétend trouver le texte de ma condamnation. On lit effectivement dans cet article, après l'énonciation des peines infligées à ceux qui exciteraient à la haine et au mépris du gouvernement du roi, on lit ces mots : *La présente disposition ne peut pas porter atteinte au droit de discussion et de censure des actes des ministres.* Vous le voyez, Messieurs, le droit de discuter et de censurer les actes ministériels est reconnu par la loi. Un magistrat dont l'autorité peut être invoquée dans cette circonstance, M. Bayeux, substitut du procureur du roi, à Paris, l'a proclamé tout récemment dans une cause identique à la mienne, celle du *Drapeau blanc*, accusé du même délit que *l'Écho du Nord.* Voici les propres paroles de M. Bayeux : « Dans » une monarchie constitutionnelle, chacun est libre de » blâmer ou d'approuver les actes du gouvernement : » dire que telle mesure est mauvaise, c'est user de son » droit ; il est réservé par la loi. »

Le droit reconnu, il reste à prouver que la guerre est un acte du gouvernement : j'espère, Messieurs, que vous m'épargnerez le soin de vous donner cette preuve.

Il est évident, en effet, pour tous les esprits, que la guerre, dans un gouvernement représentatif, est un acte du ministère, lequel en supporte la responsabilité. Ici, c'est le ministère qui a demandé aux chambres des hommes et de l'argent pour faire la guerre ; c'est lui qui a dirigé l'armée sur le pays ennemi ; c'est lui qui a nommé les généraux, les officiers, les employés de toute espèce. C'est, en un mot, le ministère qui fait la guerre ; cela est si vrai, Messieurs, que le magistrat dont je viens d'invoquer l'autorité, M. Bayeux, l'a solennellement reconnu dans son plaidoyer contre *le Drapeau blanc.*

Vainement prétendrait-on que le roi, par la charte constitutionnelle, s'est réservé le droit exclusif de paix et de guerre; vainement soutiendrait-on que déverser le blâme sur la guerre, ouvrage du roi, c'est insulter à S. M. Un pareil argument ne soutiendrait pas la discussion.

Le roi, il est vrai, s'est attribué personnellement et uniquement le droit de faire la paix et la guerre; mais l'acte par lequel il exerce ce droit souverain n'a-t-il pas besoin, pour être légal, d'être contresigné par un ministre? Cet acte devient donc le fait du ministère; comme tel il est donc soumis à la discussion et à la censure. L'exception que l'art. 14 de la charte semble former en faveur de l'autorité royale, relativement au droit de paix et de guerre, n'existe pas réellement; elle a été jugée nécessaire, parce qu'il pouvait se rencontrer une circonstance pressante où le salut de l'état commanderait subitement un grand acte d'autorité, comme le serait un traité de paix ou une déclaration de guerre; ce cas arrivant, il fallait que le pouvoir exécutif fût investi de l'autorité nécessaire pour agir promptement et sans l'intervention des chambres; voilà le motif de la disposition de l'art. 14 de la charte. Mais, ce même article n'attribue-t-il pas aussi au roi la nomination à tous les emplois civils et militaires? Cependant il n'existe aucun magistrat, aucun officier, dont la commission ou le brevet ne soit contresigné par un ministre. Ainsi l'argument tiré de ce que la guerre est le seul ouvrage du roi et qu'en conséquence il n'est pas permis de la censurer, tombe de lui-même devant le plus simple examen.

Et d'ailleurs, qu'ai-je besoin de pousser si loin la démonstration? M. le procureur du roi lui-même n'a-t-il pas reconnu la vérité de ce que j'avance, en m'accusant, non d'avoir outragé le monarque, mais excité à la haine et au mépris de son gouvernement, délits d'une nature diverse et punis de peines différentes?

Le crime dont on m'accuse est grave, Messieurs, et il emporte un châtiment proportionné à sa gravité. Il a donc besoin d'être clairement démontré. C'est, ce me semble, ce que le ministère public n'a pas fait jusqu'ici. On a vu tout récemment dans un journal de la capitale l'article dont je vais vous donner lecture :

» Un chef de partisans, placé dans une contrée favorable » au genre de guerre qu'il fait, est parvenu jusqu'à pré- » sent à se soustraire à nos coups, et l'on suppose que » c'est à dessein que le *gouvernement* facilite ses retraites.

» Chaque jour voit diminuer sa troupe, chaque com- » bat est pour lui une défaite; n'importe, on le protége, » parce que le *gouvernement* protége les traîtres.

» Le *gouvernement* le ferait prendre s'il le voulait; » il abrégerait par-là une lutte coûteuse pour le citoyen » qui paie l'impôt, fatigante pour le soldat obligé de faire » chaque jour des marches et des contre-marches pour » atteindre un ennemi qui ne cherche qu'à l'éviter; » mais le *gouvernement* ne le veut pas, sa *politique* » *tortueuse* veut dégoûter ceux qui paient et fatiguer » ceux qui combattent. »

Cet article a été poursuivi comme ayant provoqué à la haine et au mépris du gouvernement du roi; et le tribunal, chargé de prononcer, a déclaré que ces passages n'indiquaient pas suffisamment l'intention d'exciter à cette haine et à ce mépris.

A Dieu ne plaise, Messieurs, qu'en invoquant cette

décision favorable, je veuille prétendre vous la donner pour règle de conduite : je connais et j'approuve l'importance que les magistrats attachent à leur indépendance; mais cependant, je vous prie de me permettre de vous faire observer que le tribunal qui a prononcé dans cette cause, est sous les yeux du gouvernement lui-même; qu'il a vu naître la loi; qu'il en a souvent fait l'application, et que, par sa position au sein de la capitale et des grands pouvoirs, il doit en connaître parfaitement l'esprit: remarquez encore, je vous prie, qu'il ne s'agit pas, dans cette espèce, d'un obscur journal de province, circonscrit dans son département, limité dans un coin de la France; mais d'une feuille publique imprimée à Paris, répandue dans tout le royaume; d'une feuille que son caractère particulier, sa grande hardiesse, distinguent entre toutes celles de l'opposition et de la contre-opposition, la font avidement rechercher, lui ont donné une vogue extraordinaire. Quand les expressions si audacieuses, si positives du *Drapeau blanc*, n'ont pu constituer le délit qu'on me reproche, en quoi le petit article qui vous est dénoncé, où l'on ne trouve que quelques railleries piquantes sur une administration subalterne, où le mot *gouvernement* n'est pas même écrit une seule fois, en quoi, dis-je, cet article pourrait-il être coupable?

Je me résume, Messieurs; je crois avoir démontré positivement que l'article inséré dans *l'Écho du Nord* du 3 Juin ne contient que des allégations vraies; que cet article est dirigé exclusivement contre l'administration municipale, et que les expressions de blâme qu'il contient ne sortent pas du droit d'examen et de censure accordé par la loi. Je ne me suis pas attaché à défendre cet article sous le rapport de sa forme et de l'artifice du style ; c'est un point purement littéraire et qui n'est point dans les attributions du tribunal. Je n'ai pas non plus défendu tout ce que M. le procureur du roi a trouvé de répréhensible dans le rapprochement du temps de Mazarin au temps présent, rapprochement qui, mettant notre administration communale sur la même ligne que l'administration du fameux ministre de Louis XIII, ne me paraît pas de nature à exciter les réclamations de la mairie de Lille. Quoiqu'en ait pu dire l'accusation, vous êtes convaincus que, dans ce passage, je n'ai entendu parler que de Lille et non de la France, puisque c'est à Lille seulement que des réjouissances extraordinaires ont marqué l'époque de la Fête-Dieu.

Vous allez décider, Messieurs, entre le ministère public et moi : j'attends votre arrêt avec calme, parce que ma conscience est pure; avec confiance, parce que vos vertus me répondent de votre impartialité. Si j'avais le malheur de succomber, je pourrais m'écrier avec l'orateur romain *conscientia meliùs valet quàm omnium sermo*.... Mais que dis-je? Non, Messieurs, je n'aurai point à faire entendre ces douloureuses paroles : vous ne le voudrez pas, et en rejetant l'accusation, vous proclamerez que la liberté d'écrire n'est pas illusoire, comme tant d'esprits chagrins le prétendent; que la critique des actes de l'autorité n'est pas un délit, quand elle est faite avec justesse; enfin que, si la sollicitude du pouvoir est vive, l'indépendance des magistrats est toujours la garantie la plus sûre des droits des citoyens.

Après une courte réplique de M. le procureur du roi et quelques observations nouvelles de M. Leleux, le tribunal s'est retiré pour délibérer. Au bout de trois quarts d'heure, il a repris séance, et M. le président a prononcé un jugement qui condamne le prévenu à trois mois d'emprisonnement et trois mille francs d'amende.

FIN.

www.ingramcontent.com/pod-product-compliance
Ingram Content Group UK Ltd.
Pitfield, Milton Keynes, MK11 3LW, UK
UKHW022210190726
13855UKWH00004B/1702

9 782013 037136